ÉTUDE

SUR LA

VALIDITÉ DANS LES DONATIONS

A TITRE DE PARTAGE ANTICIPÉ

DES CLAUSES DE RÉSERVE RÉCIPROQUE D'USUFRUIT

Par les Donateurs

OU DE STIPULATION DE RENTE VIAGÈRE A LEUR PROFIT

NON RÉDUCTIBLE AU DÉCÈS DU PREMIER MOURANT

RAPPORT

Présenté à l'Assemblée générale des Notaires de l'arrondissement
de Toulon (Var), le 18 novembre 1884

PAR

Me PAGET

NOTAIRE A HYÈRES, SYNDIC DE LA CHAMBRE

TOULON

IMPRIMERIE A. ISNARD ET Cie

Boulevard de Strasbourg, 56.

1886

ÉTUDE

SUR LA

VALIDITÉ DANS LES DONATIONS

A TITRE DE PARTAGE ANTICIPÉ

DES CLAUSES DE RÉSERVE RÉCIPROQUE D'USUFRUIT

Par les Donateurs

OU DE STIPULATION DE RENTE VIAGÈRE A LEUR PROFIT

NON RÉDUCTIBLE AU DÉCÈS DU PREMIER MOURANT

———

RAPPORT

Présenté à l'Assemblée générale des Notaires de l'arrondissement
de Toulon (Var), le 18 novembre 1884

PAR

Me PAGET

NOTAIRE A HYÈRES, SYNDIC DE LA CHAMBRE

———◦◦>◦<◦◦———

TOULON

IMPRIMERIE A. ISNARD ET Cie

Boulevard de Strasbourg, 56.

—

1886

Monsieur le Président,

Messieurs et chers Collègues,

La Chambre m'a confié le soin de vous présenter une étude *sur la validité dans les donations à titre de partage anticipé, des clauses de réserve réciproque d'usufruit par les donateurs, ou de stipulation de rente viagère à leur profit, non réductible au décès du premier mourant.*

En acceptant l'honneur de prendre la parole devant vous, pour traiter une question d'un si haut intérêt pratique, qui a déjà fait l'objet de savantes dissertations, et qui réclame une solution que je ne saurais vous apporter, je

sens toute la difficulté de ma tâche et combien j'ai besoin de toute votre indulgence;
j'espère qu'elle ne me fera pas défaut.

MESSIEURS,

Tout a été dit sur les avantages qu'offrent
les partages d'ascendants et sur les inconvénients qui peuvent en résulter.

D'une part, on a fait remarquer que ce
pacte de famille offre ce précieux avantage de
prévenir les contestations qui pourraient sur-
venir entre les enfants au décès de leurs
parents, de maintenir, par une équitable dis-
tribution, la bonne intelligence entre eux, et de
les empêcher d'épuiser en frais de procès la
plus grande partie de leur patrimoine... *ut a
fraterno certamine cos prœservent.* On a fait
valoir aussi les avantages qu'il présente au
point de vue de l'agriculture et de l'économie
sociale.

D'autre part, on s'est appuyé sur des faits,
malheureusement indéniables, pour démontrer
que cette institution, fort belle en théorie,
aboutit trop souvent dans la pratique aux plus
fâcheux résultats.

On n'a pas manqué de citer ce passage de Loysel :

> « Qui le sien donne avant mourir
> « Bientôt s'apprête à moult souffrir. »

Outre les dangers auxquels se trouve exposé le père de famille assez imprudent pour se dépouiller de tout son patrimoine, le partage d'ascendant, a-t-on dit, ce pacte de famille qui, dans l'esprit du législateur, devait tarir toute source de discorde, n'éveille que trop souvent les susceptibilités et les jalousies, au point de devenir une cause de haine et de discussion dans les familles, une source de scandaleux procès.

Il en est, je crois, du partage d'ascendant comme de toutes les institutions humaines. Il offre des avantages et des inconvénients. L'institution est bonne en elle-même ; elle est utile, soit au point de vue des intérêts et de la paix des familles, soit au point de vue de l'agriculture. Elle s'est perpétuée dans nos mœurs et elle mérite d'être conservée. Offre-t-elle des dangers ? C'est aux économistes, aux jurisconsultes, aux praticiens, aux législateurs enfin d'y apporter remède, dans la limite de leurs moyens respectifs.

Le partage d'ascendant mérite d'être traité

avec faveur. C'est le vœu de la loi. Or, j'ai le regret de constater qu'au lieu de lui tendre une main secourable, la jurisprudence s'est engagée dans une voie qui a singulièrement ébranlé la stabilité de cet acte. Ainsi, elle impose aux ascendants l'obligation de se conformer aux règles prescrites par les articles 826 et 832 du code civil, qui ordonnent de placer, autant que possible, dans chaque lot, la même quantité de meubles, d'immeubles, de droits ou de créances de mêmes nature et valeur. Ainsi encore, elle décide que, pour vérifier si le partage contient une lésion de plus du quart, on doit estimer les biens suivant leur valeur à l'époque du décès de l'ascendant.

Je n'ai pas à insister sur les conséquences déplorables qui résultent d'une interprétation aussi rigoureuse de la loi. La pratique s'est ingéniée pour trouver des moyens d'atténuer le mal. Il faut accueillir avec reconnaissance les découvertes de la pratique, mais sans oublier que si elles peuvent aboutir à de bons résultats dans certains cas, elles ne peuvent pas s'adapter à toutes les situations; qu'enfin, la loi donne aux tribunaux un pouvoir souverain d'appréciation pour restituer aux conven-

tions des parties leur véritable caractère,
pouvoir dont ils usent avec une rigueur très
grande, excessive peut-être, toutes les fois
que l'on agite devant eux le spectre de la
dissimulation ou de la fraude.

Malheureusement encore, et j'aborde main-
tenant la question qui fait l'objet de mon
travail, la jurisprudence, celle surtout de la
cour suprême, traite avec une rigueur non
moins grande une stipulation qui se trouve
fréquemment dans les partages d'ascendants,
une clause à la fois nécessaire et pieuse, celle
par laquelle les père et mère, en faisant conjointement le partage, soit de leurs propres,
soit des biens de la communauté, se réservent
l'usufruit de tous les biens donnés jusqu'au
décès du dernier mourant.

Dans d'autres cas, les père et mère se réservent une rente viagère réversible sur la
tête du survivant.

Quoi de plus moral, de plus équitable, de
plus nécessaire qu'une clause sans laquelle le
survivant des donateurs serait réduit, dans
bien des cas, à demander plus tard des ali-
ments aux donataires ?

Aussi, pendant de longues années, cette
stipulation a-t-elle généralement été considé-

rée comme formant une simple charge de la donation faite par chacun des époux à ses enfants.

Il est vrai que la cour de cassation a jugé, dès le 15 juin 1846 (D. P. 1. 266), et ensuite le 31 août 1853 (D. P. 1. 251), que la clause d'un partage d'ascendant, par laquelle les père et mère, donateurs, se réservent l'usufruit des biens donnés, avec réversibilité au profit du survivant, donne ouverture, lors du décès du premier mourant, au droit proportionnel de mutation, à raison de l'usufruit qui se trouve dévolu au survivant. Mais ces solutions, rendues au point de vue du droit fiscal, laissaient intacte la question de savoir si la clause dont il s'agit, tombe sous la prohibition de l'article 1097 du code civil, ou si, au contraire, elle ne constitue qu'une simple charge de la donation.

Cette dernière opinion, partagée par M. Troplong (*Donations et Testaments*, t. IV, n° 2695), énergiquement soutenue par divers auteurs, et notamment, au point de vue fiscal, par M. Garnier (*Répertoire Périodique*, n° 2219) et M. Vavasseur (*Revue du Notariat*, n° 5681), paraissait généralement admise ; elle avait reçu la consécration d'une pratique constante et universelle,

lorsqu'un arrêt de la cour d'Amiens, du 10 novembre 1853, rendu peut-être sous l'influence
de l'arrêt de cassation précité du 31 août précédent, a jugé que la clause par laquelle les
époux stipulent la réversibilité de l'usufruit sur
la tête du survivant, constitue une donation
mutuelle faite par le même acte et prohibée par
l'article 1097 du code civil (D. P. 54. 2. 92).

Et la cour de cassation, appelée à son tour
à se prononcer sur la validité d'une pareille
réserve, a résolu la question dans ce dernier
sens par plusieurs arrêts.

Cette solution heurte de graves intérêts. Le
notariat s'en est ému ; il a compris de quelle
importance la question était pour lui. La
Chambre des notaires de Saintes en a saisi le
Comité des notaires des départements (séance
du 26 octobre 1881), et l'un de nos confrères,
M. Renault, notaire à Châteaudun, a demandé,
par voie de pétition, au Sénat et à la Chambre
des députés, qu'il soit ajouté à l'article 1097
du code civil, une disposition excluant de la
prohibition des libéralités entre époux, par un
seul et même acte, les réserves d'usufruit et
de rente viagère, stipulées en faveur du survivant des donateurs, dans les partages d'ascendants.

Mais, en attendant que le législateur fasse son œuvre, la jurisprudence de la cour de cassation reste debout. Il faut que nous comptions avec elle, sous peine de compromettre le sort des actes que nous sommes appelés à recevoir, et d'engager notre propre responsabilité.

M'inspirant de cette pensée, je me suis surtout attaché, dans cette étude, à rechercher le meilleur mode de procéder qu'il convient d'employer dans l'état actuel de la jurisprudence, pour parer aux inconvénients de la situation qu'elle nous crée, à nous et aux parties.

Je viens vous soumettre le résultat de mes recherches. Elles ont porté sur trois points que je vais traiter successivement, savoir :

1° L'état actuel de la jurisprudence sur la question ;

2° Les différents moyens pratiques qui ont été proposés pour l'entière exécution des clauses dont il s'agit, la comparaison de ces divers moyens, en vous donnant mon opinion sur celui qui paraît offrir le plus de garanties de sécurité ;

3° Enfin, l'utilité d'une réforme législative.

I

ÉTAT ACTUEL DE LA JURISPRUDENCE

SUR LA QUESTION

Réserve d'usufruit avec stipulation de réversibilité sur la tête de l'époux survivant.

Je vous ai dit que, jusqu'en 1853, on considérait généralement comme valable et efficace la réserve d'usufruit, contenue dans un partage fait conjointement par les père et mère, soit de leurs propres, soit de leur communauté, avec stipulation que l'usufruit serait réversible sur la tête de l'époux survivant. On voyait, dans cette stipulation, une simple charge de la donation, faite par chaque époux à ses enfants.

Depuis 1853, les arrêts et jugements suivants ont résolu la question dans le même sens libéral : Poitiers, 20 février 1861 (D. P. 2. 93) ; Nîmes, 16 décembre 1865 (D. P. 66. 5. 352) ; Nancy, 6 mars 1879 (D. P. 1. 181) ; tribunaux de la Seine, 13 juin 1868 ; Bayeux, 12 mars 1869 et Pontoise, 19 juin 1883 (*Journal des Notaires*, art. 23167).

L'arrêt de la cour d'Amiens, du 10 novembre 1853 (D. P. 54. 2. 92), ouvre la série des décisions suivant lesquelles il faudrait voir une donation mutuelle, faite par le même acte, et prohibée par l'article 1097 du code civil, dans la clause par laquelle les époux stipulent la réversibilité sur la tête de l'époux donateur survivant.

La cour de cassation, appelée à statuer sur une réserve semblable, contenue dans une donation faite par le père et la mère à leur fils, a également décidé que la clause de réversibilité était nulle comme tombant sous le coup de la prohibition de l'article 1097 (26 mars 1855, D. P. 1. 63).

Cette jurisprudence a été confirmée par les arrêts suivants :

Agen, 21 novembre 1860 (D. P. 61. 2. 34) ; cassation, 15 juillet 1863 (D. P. 1. 287) ; 23 décembre 1862, chambres réunies (D. P. 63. 1. 64) ; 14 novembre 1865 (D. P. 66. 1. 110) ; 26 juillet 1869 (D. P. 1. 176. trois arrêts) et enfin 18 janvier 1881 (D. P. 81. 1. 181).

Je dois ajouter qu'à l'exception des auteurs qui s'occupent spécialement de droit notarial, et qui repoussent unanimement l'opinion consacrée par ces arrêts, la doctrine se prononce

généralement dans le sens de la cour suprême. Voir notamment Réquier, *Partages
d'ascendants*, n° 137 ; Aubry et Rau, t. VIII,
p. 402 ; Bonnet, *Des Partages d'ascendants*,
t. I, n° 276 et Demolombe, *Donations*, t. VI,
n° 449.

Je sortirai du cadre que je me suis tracé, en
discutant les raisons que l'on invoque à l'ap-
pui du système qui triomphe dans la jurisprudence. La thèse contraire a été savamment
exposée dans les ouvrages de notariat, qui se
trouvent entre vos mains. Je dois me borner à
chercher le moyen pratique de remédier à la
situation qui résulte des arrêts de la cour de
cassation, en attendant un revirement, malheureusement peu probable, dans sa jurisprudence, ou une réforme législative que nous
devons appeler de tous nos vœux.

Quelle doit être la conséquence de l'annulation de la clause de réversibilité ? Doit-
elle être réputée simplement non écrite, ou
entraîner la nullité du partage lui-même ? La
cour de cassation la déclare simplement non
écrite ; c'est, dit-elle, une clause insérée dans
une donation : or, les conditions illégales in-
sérées dans une donation sont réputées non
écrites (code civil, 900).

Mais la cour d'Amiens, dans ses arrêts du 10 novembre 1853, déclare l'acte entièrement nul, par le motif, dit-elle, que la réserve d'usufruit au profit du survivant avait été l'une des causes déterminantes du partage.

Cet arrêt est le seul, jusqu'à ce jour, qui ait déclaré que la nullité de la clause de réversibilité entraine aussi la nullité de l'acte de donation-partage.

Un savant auteur, M. Bonnet (*Partages d'ascendants*, t. I, n° 401), se prononce également pour la nullité du partage d'ascendant tout entière, et par d'autres motifs que ceux de la cour d'Amiens : « Lorsque, dit-il, l'on se borne
« à effacer la clause de réversibilité au profit
« du conjoint survivant, si, suivant ce qui
« se pratique le plus habituellement (et le par-
« tage conjonctif n'a pas d'autre but), les biens
« paternels et maternels ne sont pas égale-
« ment répartis dans tous les lots, il arrivera
« nécessairement qu'au décès du premier mou-
« rant des deux donateurs, l'égalité du partage
« sera complètement détruite. A ce moment,
« en effet, les lots composés de biens prove-
« nant du chef du prédécédé, se trouveront
« affranchis de toutes charges, tandis que
« l'usufruit réservé continuera de grever ceux

« composés de biens ayant appartenu au sur-
« vivant. La clause de réversibilité devra donc
« toujours, hors le cas bien exceptionnel où
« les biens provenant du père ou de la mère
« ont été également répartis dans chaque
« lot, être considérée comme une condition
« essentielle de l'égalité du partage. »

M. Réquier se prononce dans le même sens,
(*Partages d'ascendants*, n° 137).

Une dernière question se présente au sujet
de la clause de réversibilité ! Jusqu'à quelle
époque la nullité de cette clause pourra-t-elle
être demandée ? La solution de cette question
dépend de celle qui sera donnée à la précédente. Si on admet, avec la cour d'Amiens,
et avec MM. Bonnet et Réquier, que la clause
entraine la nullité du partage entier, il faudrait déclarer l'action en nullité recevable
même après le décès des deux ascendants donateurs. Si l'on admet, au contraire, avec la
cour de cassation, que la clause doit simplement être effacée, il est évident que tout
intérêt à la nullité ayant disparu après la mort
des deux ascendants, puisqu'il n'y a plus
d'usufruit, l'action s'évanouit aussi.

Rente viagère avec stipulation de réversibilité sur la tête du survivant des donateurs.

Faut-il considérer comme une donation mutuelle, tombant sous la prohibition de l'article 1097 du code civil, la constitution de rente viagère avec réversibilité pour le tout, en faveur du survivant ? Cette question a été débattue devant les tribunaux avant la précédente, et résolue dans le sens de l'affirmative par un arrêt de la cour de Rennes, du 15 février 1840 *(Revue du Notariat,* 887). Il faut toutefois remarquer qu'il s'agissait, dans l'espèce, non d'une rente stipulée comme condition d'un partage d'ascendant, mais d'une rente achetée avec des deniers de la communauté.

Au contraire, un arrêt de la cour de Metz du 18 juin 1863 *(Revue du Notariat,* 887), décide que, lorsque le père et la mère donnent ensemble, à leurs enfants, des biens de communauté, en stipulant à leur profit une rente viagère, payable par les donataires, sans réduction, jusqu'au décès du survivant des donateurs, cette condition n'a que le caractère d'une condition de la donation, et que l'on ne saurait y voir un don mutuel entre époux par le même acte, qui serait nul aux termes de l'article 1097.

La *Revue du Notariat*, en rapportant cet arrêt (n° 887), fait remarquer, avec raison, la distinction qu'il établit entre la stipulation de rente viagère et la réserve d'usufruit par les donateurs, tant pour eux conjointement que pour le survivant, distinction que plusieurs jugements ont également faite en matière fiscale. (Voir à ce sujet, un jugement du tribunal de Vitry-le-François, du 15 avril 1864 (*Revue du Notariat*, n° 867), et comp. un jugement du tribunal de Château-Thierry, du 12 mars 1864 (*Revue du Notariat*, n° 866).

Il n'y a, dit cet arrêt, aucune assimilation à établir entre la stipulation dont il s'agit et la réserve réciproque d'usufruit, faite en faveur du survivant des époux donateurs. Et, en effet, en cas de réserve de l'usufruit des biens donnés jusqu'au décès du survivant des donateurs, cet usufruit se trouvant démembré de la propriété, et n'étant pas compris dans la donation, l'attribution qui en est faite au survivant des donateurs, apparaît plus facilement comme une disposition distincte, intervenue entre les donateurs et étrangère aux donataires.

Il convient d'ajouter que MM. Aubry et Rau n'admettent pas cette distinction, et

2

qu'ils assimilent, au point de vue de la prohibition, la stipulation de la réversibilité de la
rente viagère, à celle de la réversibilité de
l'usufruit (t. VIII, § 744, p. 102, note 14).

Enfin, un arrêt de la cour de cassation du
15 mai 1866 (D. P. 66. 1. 201), décide qu'en
cas d'aliénation, par deux époux, de capitaux
et d'immeubles dépendant de leur communauté, moyennant une rente viagère sur la
tête de l'un et de l'autre, et stipulée non
réductible au décès du prémourant, cette
clause de non réductibilité constitue, non pas
une donation réciproque et éventuelle de la
moitié de la rente au profit du survivant, mais
un élément du prix, et, dès lors, le survivant
en faveur duquel se réalise le bénéfice de la
clause dont il s'agit, n'est pas assujetti au
droit de mutation par décès.

« On ne peut voir, dit cet arrêt, dans la sti-
« pulation relative à la rente viagère, une do-
« nation réciproque et éventuelle de la moitié
« de la rente que le survivant des époux serait
« appelé à recueillir dans la succession du pré-
« décédé ; le prix stipulé tout entier au profit
« du dernier vivant desdits époux, est un des
« éléments de la vente des choses qui leur ap-
« partenaient en commun ; il forme une condi-

« tion sans laquelle, ni l'un ni l'autre des
« conjoints n'aurait consenti à l'aliénation, et
« qui ne peut en être séparée. »

Les principes posés par cet arrêt me parais-
sent en tous points applicables à la clause
de réversibilité de rente viagère, stipulée dans
les partages d'ascendants, et consacrer la jurisprudence établie par l'arrêt de la cour de
Metz, cité plus haut.

II

MOYENS PRATIQUES PROPOSÉS

En présence d'une jurisprudence qu'il est
permis de regretter, mais qui paraît définiti-
vement établie, et devant laquelle il ne reste
qu'à se soumettre, la pratique s'est efforcée de
trouver une rédaction, une formule qui mit à
l'abri de toute attaque cette clause si nécces-
saire, si digne de protection, que l'on appelle
*clause de réversibilité d'usufruit, au profit
du survivant des ascendants dans les partages
anticipés.* Je vais vous rappeler les diverses

combinaisons, les procédés qui ont été successivement imaginés et proposés dans ce but,
ainsi que les discussions auxquelles ils ont
donné lieu, et soumettre à votre appréciation
celui de ces procédés qui me paraîtrait devoir
être adopté et suivi dans la pratique.

I. — On a essayé, tout d'abord, de *tourner la
difficulté* au moyen d'une rédaction qui faisait
prédominer l'idée de condition et qui semblait
exclure toute idée de libéralité mutuelle entre
les conjoints, ascendants donateurs.

Dans cet ordre d'idées, différentes formules
ont été successivement proposées :

1° En voici une première, qui a été suivie
pendant un certain nombre d'années :

« Chacun des donateurs réserve à son profit
« et pendant sa vie, l'usufruit de la part qui
« lui appartient dans les biens donnés ; en
« conséquence, les donataires auront, à comp-
« ter de ce jour et en vertu des présentes, la
« nue propriété des dits biens, et, à cette
« nue propriété, ils réuniront la jouissance,
« savoir : de la moitié appartenant à M. X...,
« donateur, à l'instant de son décès, et de la
« part appartenant à Mᵐᵉ X..., donatrice, à
« l'instant du décès de cette dame. »

Puis l'on ajoutait, dans les conditions particulières de la donation :

« M. X..., pour le cas seulement où il
« survivrait à sa femme, impose aux dona-
« taires, qui l'acceptent formellement, l'obli-
« gation de le laisser jouir, en usufruit,
« pendant sa vie, des biens donnés dont ils
« seront entrés en jouissance par le décès de
« Mme X... »

Pareille condition était imposée, dans les
mêmes termes, par la donatrice à ses enfants,
pour le cas où elle survivrait à son mari.

Cette formule recommandée dans le prin-
cipe par le *Journal des Notaires* (art. 17233,
18264 et 18431), semblait être à l'abri de toute
critique, la réserve d'usufruit y étant faite,
ainsi que le fait remarquer ce journal, non au
profit des donateurs conjointement, mais en
faveur de chacun d'eux personnellement, pour
sa part dans les biens donnés, et chacun des
donateurs stipulant, non comme condition de
la donation commune, mais comme condition
imposée à sa propre libéralité, qu'en cas de
survie, il aura la jouissance viagère des biens
donnés par son conjoint *(Journal des Notaires,*
art. 22789).

Malheureusement, cette manière de procéder

n'a pas trouvé grâce devant la cour suprême.
Après avoir été consacrée par plusieurs jugements (tribunal de Mortagne, 29 août 1861 ;
de Rambouillet, 23 décembre 1863 ; d'Alen-
çon, 27 août 1867 ; de Remiremont, 7 décembre 1867 ; d'Epernay, 31 décembre 1867),
elle a été formellement condamnée par quatre
arrêts de la cour de cassation, des 14 novembre 1865 et 26 juillet 1869 *(Journal des Notaires,* art. 18431 et 19683).

Aux yeux de la cour suprême, de telles
clauses ne sont pas *sérieuses ;* elles consti-
tuent une combinaison détournée, imaginée
pour dissimuler la pensée véritable de l'acte,
qui est d'assurer au survivant des époux,
l'usufruit de la totalité des biens donnés ;
qu'ainsi, en réalité, et en allant au fond des
choses, il faut voir non une simple condition
de la donation-partage, mais bien une donation réciproque et mutuelle dans la stipulation
par laquelle chacun des époux, avec le con-
cours de l'autre à l'acte, et, par conséquent
avec son consentement tacite, se réserve, en
cas de survie, l'usufruit de la part du prémourant.

2° Après l'arrêt de cassation du 19 janvier
1881, M. Defrénois, qui avait tout d'abord

proposé une formule calquée, à peu près sur
la précédente, a cru nécessaire de la modifier
quelque peu, et conscille, comme étant de nature à échapper aux conséquences de la jurisprudence de la cour suprême, la formule
suivante :

« *Jouissance* : Les donataires auront, au
« moyen des présentes, la propriété des biens
« partagés, mais ils n'en jouiront respective-
« ment qu'à partir de l'extinction de l'usufruit
« dont il sera ci-après parlé. »

Suivent les conditions ordinaires.

« *Conditions particulières* : En outre ,
« comme conditions expresses :

« 1° M. X..., donateur, se réserve pendant
« sa vie, l'usufruit des biens par lui donnés,
« et ses enfants, ses donataires, pour le cas où
« il survivrait à Mme X..., lui cèdent et aban-
« donnent l'usufruit, aussi pendant sa vie, des
« biens qui viennent de leur être donnés par
« Mme X..., pour en jouir à partir du décès de
« cette dernière;

« 2° De son côté, Mme X..., donatrice, se
« réserve, également pendant sa vie, l'usufruit
« des biens par elle donnés, et ses enfants,
« ses donataires, pour le cas où elle survivrait
« à M. X..., lui cèdent et abandonnent l'usu-

« fruit, aussi pendant sa vie, des biens qui
« viennent de leur être donnés par M. X...,
« pour en jouir à partir du décès de ce der-
« nier. »

Mais le *Journal des Notaires* (art. 22789,
p. 584, note), fait remarquer avec raison que
cette formule doit être complètement assimilée
à la précédente qui a été réprouvée par les
arrêts de la cour de cassation précités.

Il convient d'ajouter que ce mode de procéder ne saurait s'appliquer au cas, où parmi
les donataires, il se trouve des mineurs ou
autres incapables.

3° M. Garnier (*Répertoire*, n° 6704), indique
un autre mode de procéder qui consiste à isoler
l'une de l'autre les deux donations afin de
séparer ainsi les réserves d'usufruit et d'im-
primer à chacune d'elles la nature d'une simple charge.

Il faudrait, d'après ce système, faire simplement, et par actes séparés, une donation par
chacun des époux donateurs, avec réserve
d'usufruit et condition que les donataires lui
laisseraient l'usufruit pendant sa vie de tous
les biens donnés le même jour par son conjoint. Par un troisième acte, les donataires
formeraient une seule masse des biens donnés,

et se la partageraient entre eux avec stipulation que la jouissance divise ne commencerait
qu'au décès du survivant des donateurs.

Le *Journal des Notaires* (art. 22789), fait
encore observer très justement que ce moyen,
meilleur que le précédent, au point de vue
juridique, est impraticable dans la plupart des
cas. Si la donation comprend des biens de
communauté, il est impossible de procéder de
la sorte. Il en est de même si, parmi les donataires, il se trouve des incapables.

4° Un quatrième moyen qui ne diffère guère
de celui indiqué par M. Garnier a été approuvé
sans réserve par la *Revue pratique du Notariat
Belge* (1875, p. 791). Il consiste également à
faire deux actes séparés d'abandon de biens,
l'un par le père, l'autre par la mère ; dans le
premier, le père se réserverait l'usufruit des
biens donnés, et, comme condition de sa donation, imposerait à ses enfants la charge d'assurer au donateur, s'il survit à son épouse,
soit l'usufruit des biens à délaisser par cette
dernière, soit une rente viagère de..... pour
tenir lieu de cet usufruit, au choix des enfants,
qui devraient faire connaître leur option dans
le partage anticipé de la mère ; dans le *second*
acte de donation par la mère, celle-ci se réser-

verait également l'usufruit de ses biens et imposerait à son tour, à ses enfants, la condition
de la laisser jouir des biens à eux donnés par
le père; puis, dans ce dernier acte (et c'est en
quoi ce mode de procéder diffère du précédent
qui exige trois actes), les enfants confondraient
dans une masse unique les biens provenant
des deux donations, se les partageraient entre
eux et déclareraient opter pour l'abandon au
père de l'usufruit des biens donnés par la mère.

Ce moyen paraît moins praticable que le
précédent. Il présente les mêmes inconvénients et il exige de plus la présence de toutes
les parties au second acte, et les tribunaux ne
manqueraient pas de voir, dans ce fait, la
preuve d'un accord tacite pour arriver à faire
indirectement ce que la loi défend de faire
directement, à savoir : une donation mutuelle
et *irrévocable* entre époux.

5° M. Albert André, ancien notaire, pré-
conise, dans son *Traité pratique des Partages
d'ascendants,* un procédé qui est, dit-il, pra-
tiqué dans quelques études. Voici en quoi il
consiste :

« Le partage entre-vifs ne contient pas de
« réserve d'usufruit ; il est fait à la charge
« d'une rente viagère, réversible sur la tête

« du survivant des donateurs, égale au re-
« venu brut de tous les biens donnés par
« l'un et par l'autre, et prenant cours à partir
« du jour de l'entrée en jouissance. Puis, un
« acte séparé, signé quelque temps après le
« partage, contient bail de tous les biens don-
« nés, pour 12 ou 18 ans, par les enfants aux
« père et mère, moyennant un fermage égal à
« la rente viagère, avec laquelle il se compense.

« Ce bail doit stipuler que le survivant des
« père et mère en profitera seul, qu'il n'aura
« pas le droit de le céder, en tout ou en par-
« tie, et que le bail cesserait à son décès. »

Ce mode de procéder n'est rien moins que
sûr. D'abord, rien ne garantit aux donateurs
que les donataires ne changeront pas d'inten-
tion, soit dans l'intervalle qu'il faudra laisser
entre la donation et le bail, soit à l'expiration
du bail, et il faut admettre que tous les donataires seront encore en vie à ce moment-là.
Ensuite, le simple rapprochement des deux
actes suffit à démontrer qu'ils ont été combi-
nés précisément pour arriver, par une voie
détournée, à assurer irrévocablement au survivant des époux, l'usufruit de tous les biens
donnés. Les tribunaux ne manqueraient pas
de le déclarer.

6° Une sixième formule se trouve dans la circulaire du 30 novembre 1881 du Comité des notaires des départements ; elle est ainsi conçue :

« Les donateurs se réservent respective-
« ment l'usufruit des biens donnés pendant
« leur vie.

« Mais, comme, en ce qui concerne le dona-
« teur (ou la donatrice), cette réserve d'usu-
« fruit serait insuffisante pour lui procurer
« les choses nécessaires à son existence, si la
« donatrice décédait la première, son usu-
« fruit serait converti en une pension alimen-
« taire de..... que les donataires s'obligent,
« dès à présent et solidairement, à lui faire
« en exécution de l'article 205 du code civil. »

Mais, suivant la remarque du Comité lui-même, il ne faut pas s'exagérer la valeur de cette clause, qui n'est qu'un palliatif ; elle pourra bien être d'une utile application dans certains cas ; dans la plupart des autres, elle ne répondra ni aux situations ni aux intentions des parties.

II. — En l'état des décisions de la jurisprudence, qui voient une donation entre époux par un seul et même acte, dans la réserve d'usufruit avec stipulation de réversibilité, il faut reconnaître que les divers modes de procéder que je viens de passer en revue, tendent tous à arriver, au moyen d'un détour plus ou moins ingénieux, d'une rédaction plus ou moins habile, à assurer *irrévocablement* au *survivant des donateurs*, l'usufruit, sa vie durant, de la totalité des biens dont les époux donateurs doivent jouir conjointement, jusqu'au décès du premier mourant. Or, la jurisprudence persiste précisément à voir, dans ces combinaisons, la preuve de la donation mutuelle prohibée par l'article 1097.

Sans doute, il peut arriver, comme l'a dit un illustre jurisconsulte, M. Demolombe (t. XVIII, nᵒ 320), que la même stipulation, eu égard à la tournure plus ou moins habile qui lui aura été donnée, revête, suivant les cas, un caractère différent, et soit considérée comme licite dans tel acte, et comme illicite dans tel autre. La pratique nous apprend combien cette remarque est juste ; mais, peut-elle être appliquée au cas actuel ? La jurisprudence est fixée ; les modes de procéder proposés ont été successivement condamnés par elle. Pouvons-nous entrer en lutte avec elle et, dans l'espoir de la voir se modifier, persister dans l'emploi de formules

qu'elle réprouve ? Tout en déplorant ces ten-
dances, n'hésitons pas à dire que nous n'avons
pas ce droit. Notre devoir, avant tout, est de
donner toute sécurité aux parties contrac-
tantes, et d'assurer la stricte exécution des
conventions auxquelles nous sommes appelés
à donner l'authenticité.

Aussi, de bons esprits ont pensé qu'il valait
mieux tâcher de se mettre d'accord avec la
jurisprudence.

Dans cet ordre d'idées, M. Frénoy, en com-
mentant l'arrêt déjà cité de la cour d'Amiens,
du 10 novembre 1853, qu'il approuvait d'ailleurs, proposait, dès cette époque, une rédaction qui lui paraissait satisfaire au vœu
de l'article 1097 et qui répond, je crois, à
toutes les exigences de la cour suprême.

« Il faudrait premièrement, dit-il, un acte
« pour constater la donation irrévocable que
« les père et mère font à leurs enfants de la
« nue propriété de leurs biens, *avec réserve*
« *d'usufruit jusqu'au décès du survivant des*
« *donateurs*; deuxièmement, deux actes sépa-
« rés par lesquels les époux se feraient entre
« eux la donation mutuelle et révocable de
« l'usufruit ainsi réservé. »

De son côté, M. Edouard Clerc, dans son *For-*

mulaire général du Notariat, indique, comme moyen d'assurer au survivant des donateurs l'usufruit du prémourant, de faire distinctement : d'abord, deux actes séparés par lesquels les deux époux se font entre eux donation mutuelle et révocable de l'usufruit ; et ensuite un troisième acte pour constater la donation irrévocable que les père et mère font à leurs enfants de la nue propriété de leurs biens, en se réservant l'usufruit pendant leur vie et jusqu'au décès du dernier mourant d'eux, avec mention expresse de la *réserve qu'ils font à ce sujet de l'effet des actes de donation qu'ils ont passés précédemment devant tel notaire, tel jour*.

Ces deux manières de procéder ont été cependant critiquées : la première, par la raison que l'usufruit que le donateur se serait réservé dans l'acte de partage est un droit purement personnel et intransmissible qui doit s'éteindre par son prédécès et qu'il ne peut, dès lors, le transmettre à son conjoint ; et la seconde, en disant que si, après les deux premiers actes, qui sont révocables, les enfants donataires s'engagent irrévocablement par l'acte postérieur, et comme condition de la libéralité qui leur est faite par leurs père et

mère, à respecter les deux donations interve-
nues entre ces derniers, la jurisprudence
déclarera sans aucun doute que c'est là un
moyen détourné de violer les dispositions de
l'article 1096 du code civil et de faire jouir
les dispositions entre époux de l'irrévocabilité
que la loi leur refuse ; que l'obligation prise
par les donataires, comme condition de la
donation-partage, pourrait même être considérée comme constituant un pacte sur succession future et réputée non écrite.

En reproduisant ces diverses critiques, le
Journal des Notaires, dans son article 22789,
fait remarquer qu'elles ne sont nullement
fondées. « On ne saurait, dit ce journal, voir
« sérieusement un pacte sur succession future
« dans une clause qui ne fait que limiter la
« libéralité, en réservant l'effet d'une libéralité
« précédente consentie à une autre personne.
« Et quant à la prétendue violation de l'arti-
« cle 1096, on peut répondre que si chacun
« des époux a voulu lier ses enfants d'une
« manière irrévocable, il ne s'est pas, pour
« cela, enlevé le droit de révoquer la disposi-
« tion faite en faveur de son conjoint, et que
« celle-ci ne devra être exécutée par les
« enfants que si elle n'a pas été révoquée.

« C'est au surplus ce qu'on pourrait exprimer
« dans l'acte, afin de couper court à la diffi-
« culté. Après la réserve par chaque époux de
« l'effet de la donation antérieure en usufruit
« consentie à son conjoint, il suffirait d'ajou-
« ter : *si cette donation subsiste encore au
« décès du donateur et n'a pas été révoquée.* »

Je crois, avec le *Journal des Notaires*, que,
surtout en usant de cette précaution, le moyen
qui précède peut être employé sans danger
d'annulation. J'estime donc que la préférence
doit être donnée au mode de procéder recom-
mandé par M. Frénoy et adopté aujourd'hui,
avec quelques modifications, par le *Journal
des Notaires*, dans la nouvelle édition de son
Formulaire annoté des actes des Notaires
(année 1882).

Voici la formule proposée par ce journal :

« Chacun des donateurs se réserve l'usu-
« fruit des biens par lui donnés (ou de telle
« partie de ces biens) pendant sa vie, et aussi
« pendant la vie de son conjoint, si celui-ci
« lui survit, *pour disposer de cet usufruit
« comme bon lui semblera.* »

Cette réserve écrite dans l'acte de partage
anticipé, les époux donateurs auront à disposer ensuite, le même jour ou plus tard, au

moyen de deux donations séparées, au profit du survivant, de l'usufruit ainsi réservé.

Ce moyen paraît à l'abri de tout reproche.

L'article 949 du code civil autorise, en effet, le donateur à réserver, soit à son profit, soit au profit *d'un autre*, l'usufruit des biens donnés. Par conséquent, la réserve par le donateur n'est ni essentiellement personnelle ni essentiellement subordonnée à sa vie.

Le donateur a donc absolument le droit de la stipuler et d'en prolonger la durée, pourvu que cette durée soit limitée et elle l'est ici puisqu'elle prend fin au décès du survivant des donateurs.

Dira-t-on que ce mode de procéder offre l'inconvénient de ne constituer au profit des époux qu'une libéralité révocable ? Cet inconvénient ne saurait être contesté, mais il est bien moins grave que les difficultés auxquelles apporte un remède la formule que je viens d'indiquer.

III. — On a vu, que d'après le dernier état de la jurisprudence, la réversibilité des rentes viagères est traitée avec plus de faveur que celle des réserves d'usufruit. Aussi, bien qu'il soit permis de craindre qu'étant donnés les systè-

mes dans lesquels la jurisprudence s'est engagée, cette clause, bien plus fréquente que
celle de la réserve d'usufruit, ne tarde pas à
éprouver la même rigueur, je crois qu'il convient de ne pas modifier le mode de procéder
suivi jusqu'à présent.

III

UTILITÉ D'UNE RÉFORME LÉGISLATIVE

« Deux moyens s'offrent, dit M. Réquier
« (Partages d'ascendants, n° 6), pour réhabili-
« ter l'institution des partages d'ascendants :
« un changement de jurisprudence ou une
« réforme légale. »

Les changements de jurisprudence sont
rares, et d'ailleurs rien ne garantit que si la
jurisprudence se montre un jour ou l'autre
plus libérale qu'elle ne l'est depuis 1853, elle
ne reviendra pas, plus tard, aux errements
actuels.

Une réforme légale s'impose donc. Il est
indispensable de mettre un terme, le plus

promptement possible, aux incertitudes et aux hésitations sur une partie aussi importante de la législation.

C'est ainsi que l'a apprécié le Comité des notaires des départements, dans sa séance du 26 octobre 1881.

Un de nos savants confrères, M. Renault, notaire à Chateaudun, l'a également compris ainsi.

Dans une pétition récemment adressée au Sénat et à la Chambre des députés, et qui contient un exposé très complet de la question qui nous occupe, il a demandé qu'il fut ajouté à l'article 1097 un paragraphe additionnel ainsi conçu :

« Les réserves d'usufruit ou de rentes via-
« gères stipulées en faveur des donateurs,
« dans les donations à titre de partage anti-
« cipé, et comme condition de ces donations,
« ne sont pas soumises à cette prohibition. »

Sur le rapport de M. Victor Plessier, la Commission de la Chambre des députés, à l'unanimité, a renvoyé, le 1er mars 1884, cette pétition à Monsieur le Ministre de la Justice, en l'invitant expressément à présenter un projet de loi qui valide la clause de la réversibilité dont il s'agit.

Il ne me reste qu'à émettre le vœu de voir s'accomplir, dans le plus bref délai, une réforme légale aussi indispensable.

Puisse-t-elle être suivie d'autres réformes que réclame encore une institution aussi digne d'intérêt que celle du partage d'ascendant !

Toulon. — Typ. A. Isnard et Cⁱᵉ, boul. de Strasbourg, 56.